¿POR QUÉ LLORA EGBERT?

Text and illustrations by Terry T. Waltz

¿Por qué llora Egbert?

Text and illustrations by Terry T. Waltz
Spanish edition edited by Ana Andrés del Pozo

ISBN-13: 978-1-946626-50-9
Published by Squid For Brains
Albany, NY

Egbert come *pizza*
con la abuela María.

A Egbert le gusta la *pizza*.

Egbert no llora.

Pero a los padres de Egbert no les gusta la *pizza*.

El papá de Egbert dice:

A Egbert no le gusta comer *pizza*.

La mamá de
Egbert dice:

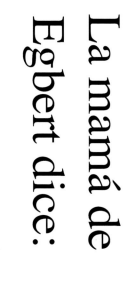

Egbert es
inteligente.
No le gusta
comer *pizza*
porque la *pizza*
no es buena.

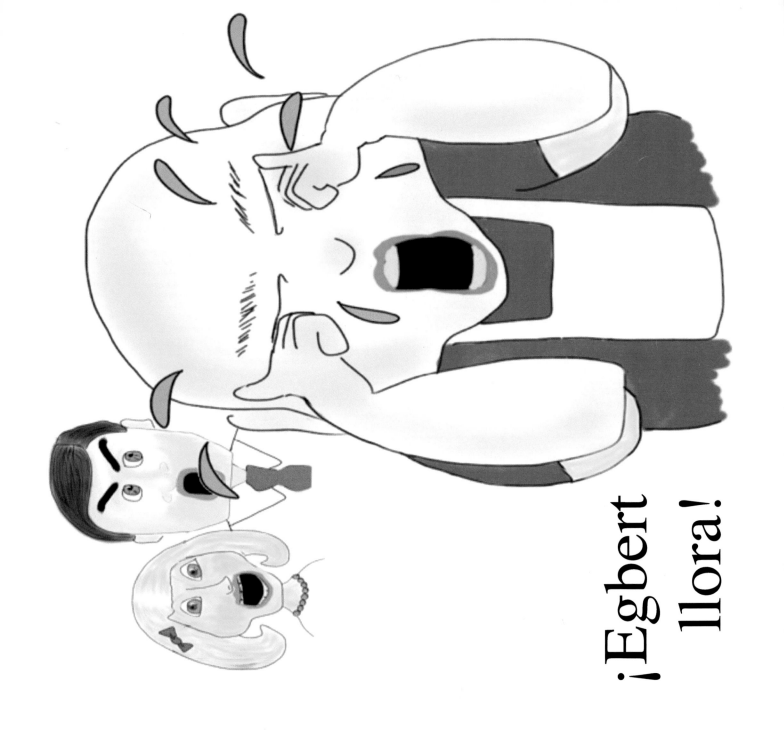

¡Egbert llora!

Egbert, ¿por qué lloras?

¡Están muy nerviosos!

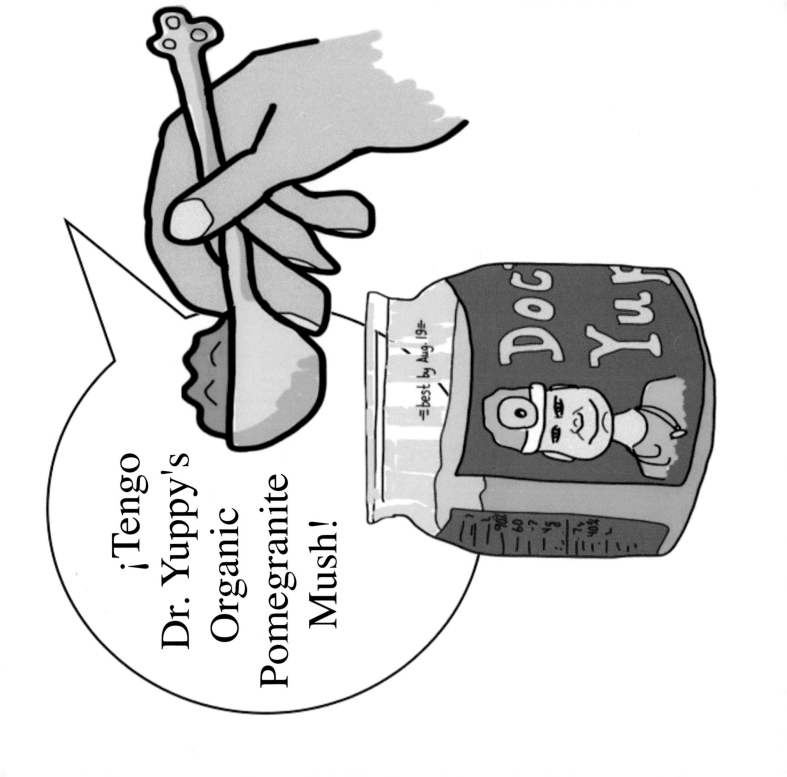

El padre de
Egbert dice:

¡Está
rico!
¡A mami le
gusta! ¡A mí me
gusta! Egbert,
por favor....

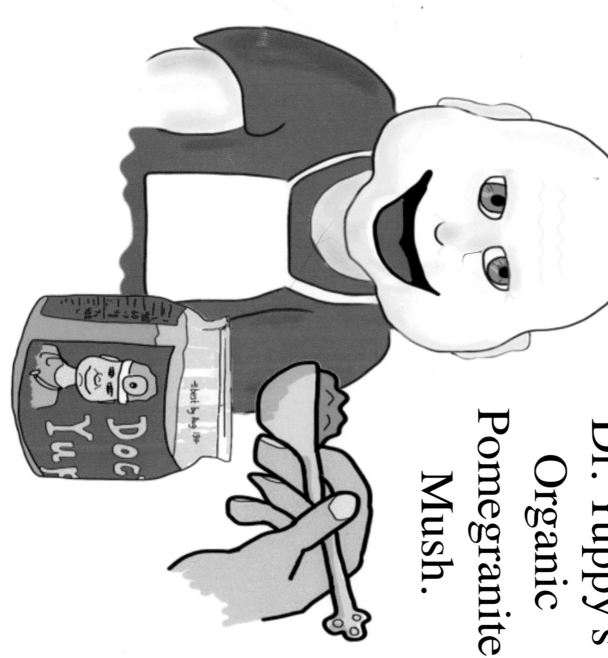

Egbert come
Dr. Yuppy's
Organic
Pomegranite
Mush.

¡Egbert llora! No quiere comer *mush* con sus padres. Quiere comer *pizza* con su abuela María.

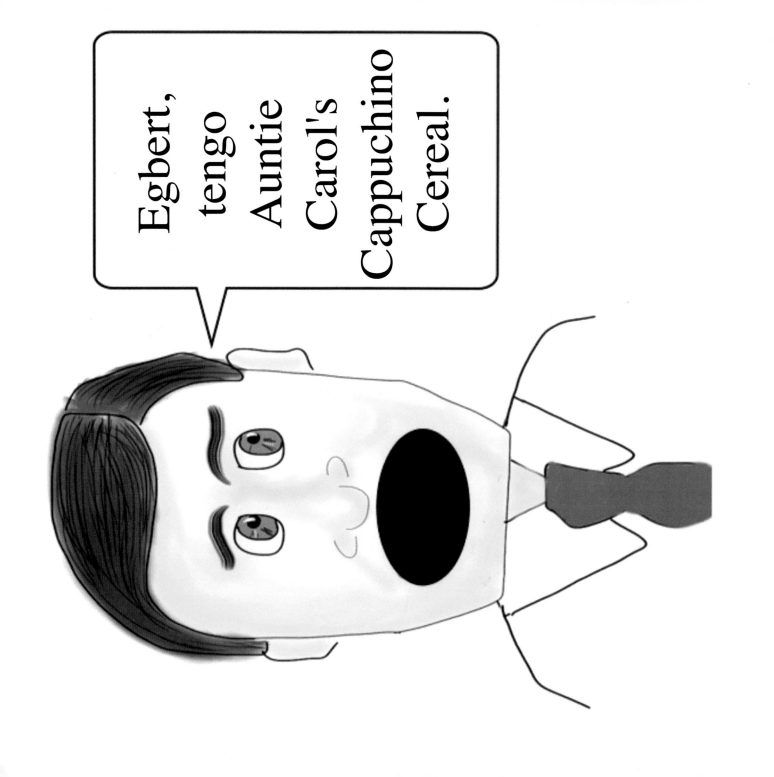

¡Está rico!

¡A mami le gusta! ¡A mí me gusta también! Por favor, Egbert! ¡Come el rico Auntie Carol's Cappuchino Cereal!

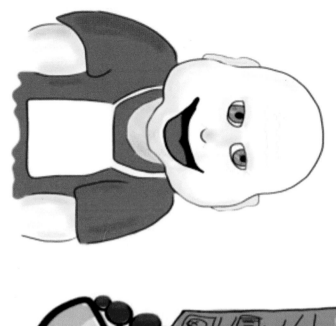

Egbert come Auntie Carol's Cappuchino Cereal...

Pero ¡a
Egbert NO
LE GUSTA!

A Egbert no le gusta comer cereal con su papá. A Egbert le gusta comer *pizza* con su abuela María.

No quiere
comer con
sus padres.
Quiere
comer con
su abuela
María.

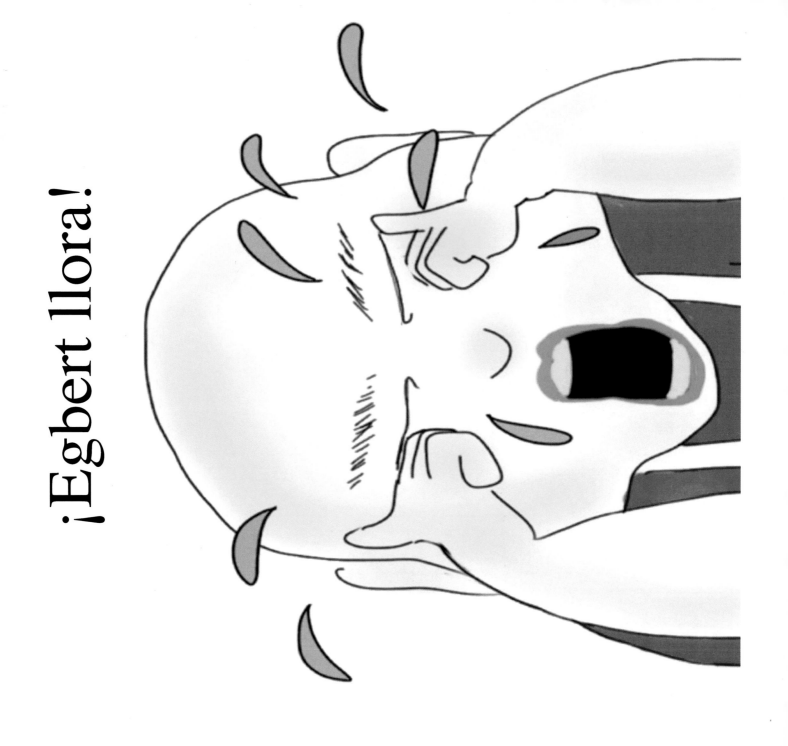

¡Egbert llora!

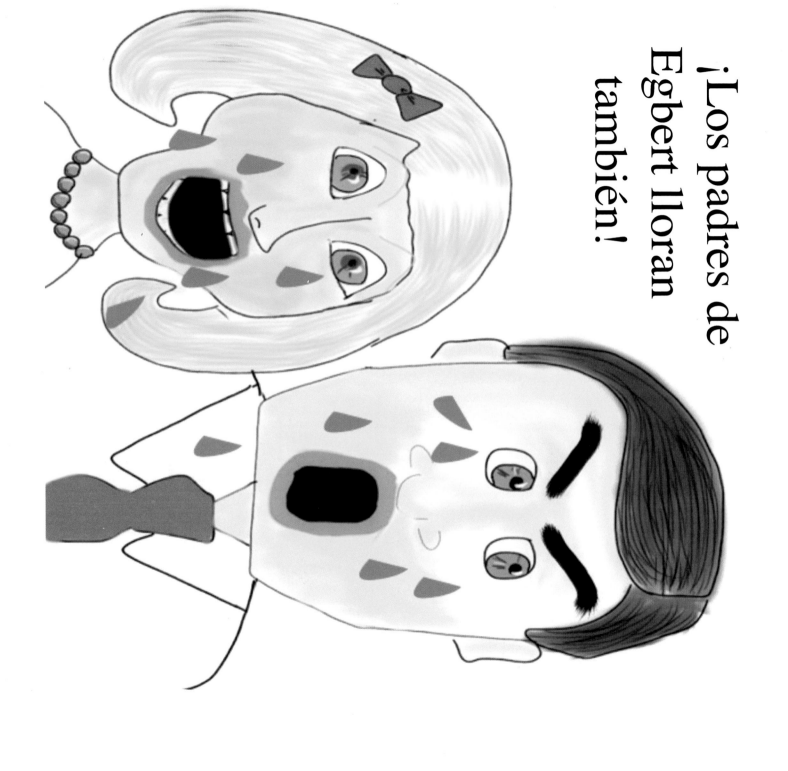

¡Los padres de Egbert lloran también!

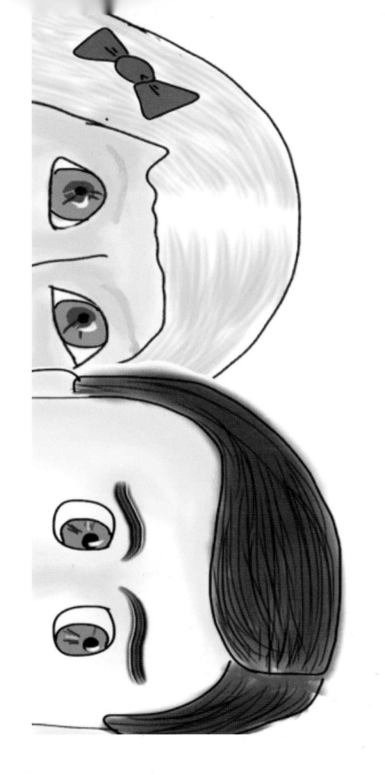

¡No somos buenos padres!

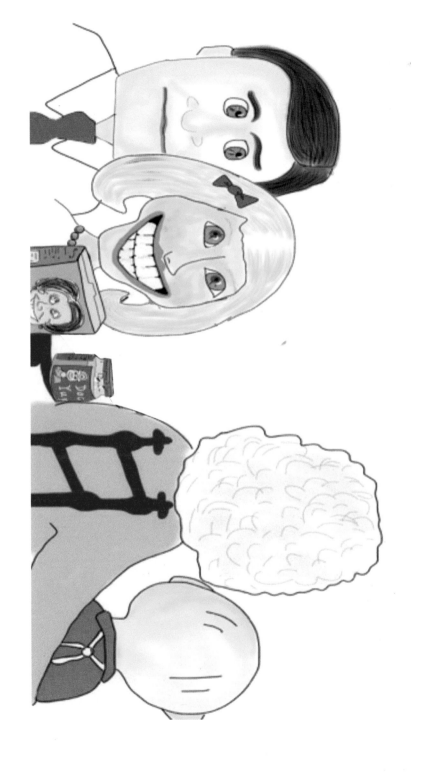

Los padres, la abuela y Egbert comen Dr. Yuppy's Organic Pomegranate Mush y Auntie Carol's Cappuchino Cereal.

¡Comen mucha *pizza* también!

Y Egbert no llora más porque come con la abuela María.

Glossary

a mí me gusta: *I* like it

abuela: grandmother

buena: good

buenos: good

come: s/he eats

come: eat!

comen: they eat

comer: to eat

con: with

dice : s/he says

dicen : they say

Egbert: (the baby's name)

es : s/he/it is

están: they are

inteligente : intelligent, smart

le gusta: s/he likes it

les gusta: they like it

llora: s/he cries

lloran: they cry

lloras: you cry

mamá: mama, mom

María: (the grandmother name)

muy: very

nerviosos: nervous

padres: parents

papá: papa, dad

pero: but

pizza : pizza

por favor: please

por qué : why?

porque: because

rico: delicious

somos: we are

su: his/her/your

sus: his/her/your

también: also

tengo: I have

ustedes: you (more than one person)

Made in the USA
Coppell, TX
19 February 2020